INVENTAIRE
Yf. 8.480

Y

XIV

(Pag. 331-372.)

YJ 8480

SENTIMENS

D'UN SPECTATEUR,

Sur la Tragédie de Mahomet I.

I. AOUST 1742.

Par M. L'abbé Cahagne

JE me suis rendu au Spectacle avec cet esprit d'indiférence & de liberté, qu'aucun motif, qu'aucune passion ne previenent & n'abusent. Le nom de *Mahomet Premier*, que je vis afficher, ne fut pour moi qu'un nom. Je ne voulus y atacher aucune idée, je voulus oublier son Histoire, & ne le conaître que par les traits dont on auroit jugé à propos de le peindre. Le nom de l'Auteur ne m'en imposa point davantage ; je ne le conais que par sa réputation & par ses ouvrages ; j'écartai le souvenir qui m'en restoit ; je crûs devoir détacher entièrement fa nouvelle Piéce de toutes celles qui l'avoient précédée ; la confidérer à part, & m'ocuper unique-ment des fentimens qu'il y auroit répandus; des paffions qu'il y exciteroit ; de l'ordre qu'il y auroit doné, fans chercher à le retrouver lui-mème; fans vouloir confon-dre l'home avèc l'Auteur, ou l'Auteur avec les perfonages.

Mon cœur étoit abfolument tranquile ; il atendoit l'impreffion qu'il devoit rece-voir, & le fentiment qui le remueroit. Je fuis mème affez acoûtumé au jeu des Ac-teurs pour n'en ètre point éblouï, & j'o-fai me flater de me dérober à ce pref-tige.

Mon fentiment à donc été mon unique guide. C'eft lui que j'écris : je cherche-rai peut - ètre à l'éclaircir par mes réflé-xions. Il eft très - poffible que je me fois trompé ; mais voilà du moins ce que j'ai fenti.

PREMIER ACTE.

La Scène s'ouvre ; mais je ne fais point quel en eft le lieu ; la décoration devroit le marquer ; je devrois voir fi c'eft un Pa-lais, une Place publique, ou quelqu'au-tre endroit. Ce défaut apartient peut-ètre plus à notre Théâtre qu'au Poëte.

[333]
Deux perſonages paraiſſent ; l'un vient
expoſer à l'autre, qu'*Omar* eſt aux portes
de la Mecque, & demande à y être introduit. (*La Mecque ſera donc en général le
lieu de la Scène.*)

Il porte dans ſes mains le glaïve & l'olivier.

L'Armée de Mahomet eſt voiſine ; la
Mecque eſt menacée ; la Patrie eſt en
danger ; Mahomet eſt un conquérant qui,
pour des raiſons de politique, veut obte-
nir par la négociation, ce qu'il peut aracher par la force des Armes. Il demande
à être reçû dans la Ville ; il redemande
une jeune Beauté que le Chérif, ou le
Chef du Sénat de la Mecque tient ſous ſa
puiſſance. Quelles ſont les réſolutions du
Chérif ? C'eſt ſa réponſe que *Phanore*
atend ; il eſſaye même de la dicter, en ex-
pliquant ce qu'il penſe lui-même.

Ce perſonage n'eſt point un Confident
ridicule, le dépoſitaire inutile d'un ſecret
qu'il doit ſavoir, ou le ſecond perſonage
d'un dialogue, qui n'écoûte ou ne parle
que par manière d'entretien. Il anonce au
contraire l'action par une ſorte d'intérèt
qu'il y prend. La réponſe de *Zopyre* ache-
ve d'éclaircir l'expoſition du ſujet. *Zopyre* eſt conu par les ſentimens qu'il exprime-
me, & qu'il doit découvrir ici, & qu'il

ne devoit découvrir qu'ici. Il est grand, il est noble, il est ferme. Citoyen vertueux & zèlé Sénateur religieux & inébranlable dans sa Secte, il est l'ènemi de Mahomet par prudence, parce que les causes de leur inimitié sont trop fortes, parce qu'il l'a trop offensé. Il l'a autrefois fait chasser de la Mecque avec ignominie; il a tué le fils de Mahomet dans un combat. Il est son ènemi par religion, parce qu'il est l'ènemi du crime, & parce qu'il le conaît trop. Intéressé par conséquent à s'oposer à la réception de Mahomet, il cede au moins à des raisons qui l'engagent à écoûter Omar. Pere malheureux, tendre & sensible, il a perdu des enfans, dont le souvenir le déchire encore; il lui semble avoir retrouvé sa fille dans la jeune *Palmyre* qu'on vient redemander; il lui semble éprouver avec elle le bonheur & la douceur d'être pere. Intéressé par conséquent à ne point la rendre, il voudroit l'engager elle-mème à ne vouloir pas être renduë. Cete oposition directe aux desseins de Mahomet, fondée sur les interèts les plus puissans, m'anonce sans doute un nœud d'action merveilleux.

Phanore quite la Scène pour aller exécuter les ordres de Zopyre; Palmyre arive. Je ne me souviens point des raisons qui l'y amenent ; mais je me souviens que je l'y atendois. Enlevée à Mahomet dans une rencontre, elle est la captive de Zopyre ; elle a senti pour Zopyre un penchant secret & inconu, qu'elle a pris pour des mouvemens d'estime, de respect, de bienveillance ; les bons traitemens qu'elle en a reçûs, ont servi à rendre ce penchant plus fort, ou plus décidé ; il voudroit se l'atacher entièrement, mais c'en est trop, rien ne poura l'empêcher de regreter le Camp de Mahomet ; c'est par lui qu'elle a été enlevée : elle ne conaît point sa naissance ; mais il ne lui a jamais fait éprouver que les soins, que les bontés d'un pere. La reconaissance, le respect, la vénération, la piété, la tendresse, tout l'enchaîne à lui. Il est peut-être pour elle un lien plus puissant encore. L'amour (car elle doit cete confiance à la générosité de Zopyre. Un cœur sensible laisse volontiers éclater une passion inocente.) L'amour l'a fixée au parti de Mahomet. Zopyre qui croit que Mahomet en est l'objèt, n'en fait que plus d'éforts pour la désabuser, pour la détromper des séductions de son Prophéte. La douce sensibilité, la tendre compassion est son langage, & déguise presque la haine ; mais Palmyre ne lui répond plus qu'avec une surprise respectueuse, qu'avec une fainte horreur. Ainfi Zopyre vient de recevoir une premiere ataque.

Introduit dans la Mecque par Phanore Omar arive. Miniftre de Mahomet, fon ami, fon fecond; il anonce par fa fierté, la majefté de fon Maître. Il répand dans fes difcours, la hauteur & l'orgueil.

Notre ame eft fuperbe, elle aime tout ce qui l'éleve ; & un caractère tel que celui d'Omar, porte avec lui un fublime qui la flate.

Il cherche également à étoner Zopyre, & à le gagner, à faire trembler fa haine ou à la diffiper. Zopyre intrépide lorf-qu'Omar eft menaçant ; plus folide lorf-qu'Omar eft plus vif & plus impétueux, cherche à l'ébranler lui-mème, à le déta-cher de Mahomet, à l'atirer, leur ton eft différent ; l'un eft pompeux, & l'autre eft noble, ce font deux genres d'éloquence peut-ètre également admirables.

Tous deux peignent Mahomet fous des traits divers ; ainfi Mahomet eft déja ca-ractèrifé. Son hiftoire eft mème faite juf-qu'au tems dont il s'agit. C'eft un trait de plus pour moi, on a eu l'atention de plaire à ma curiofité. Zopyre eft affez grand, affez jufte, pour convenir des éloges que Mahomet a mérités ; c'eft de Mahomet fon ènemi qu'il dit :

S'il

S'il étoit vertueux, c'est un Héros peut-être!

Expression que la froide Grammaire peut critiquer, mais que la Poësie adopte pour s'orner & pour s'embélir.

Le Chérif & le Lieutenant du Prophéte ne deviénent que plus irités; Omar court vers le Peuple pour l'entraîner au parti de Mahomet; Zopyre y court pour le reténir.

J'ai senti ces mouvemens que la noblesse & la fierté font naître dans l'ame, & que l'ame reçoit avec plaisir. J'ai éprouvé avec agrément cete lumiere, cete clarté qu'une promte & heureuse exposition du sujet produit. J'ai été bien aise qu'on satisfît ma vivacité & mon impatience, en fesant marcher l'action le plus rapidement qu'il se pouroit; & je comence à m'intéresser.

DEUXIEME ACTE.

Mon ame a été élevée, & elle est ramenée à une émotion plus douce. L'Amant de Palmyre, Seyde paraît sur la Scène avec elle, je n'ignore point les raisons qui l'aménent. Il brûloit du désir de revoir Palmyre, il s'est rendu lui-même l'ôtage de la négociation d'Omar, ôtage vraisemblablement nécessaire, puisqu'il pouvoit être à

craindre aparament qu'Omar étant entré
dans la Mecque il n'essaya de séduire le
Peuple, d'aracher par force Palmyre de sa
prison, puisqu'il faloit des suretés qui con-
firmassent à Zopyre que l'ènemi qu'il reçoit dans ses murailles en veut agir avec
lui de bone foi : ôtage qui par le différend
qui vient de naître entre Omar & Zopyre,
a beaucoup à craindre pour lui-mème, qui
est un personage nécessaire à l'action, &
qui paraît ici dans sa véritable place.

La tendresse inocente, l'ingénuité d'un
cœur pur sont sur les lévres de Seyde, il
s'insinue dans le mien ; Palmyre en devient
plus touchante, & Seyde me touche come
elle ; je les confons dans mon cœur. Leur
âge, leurs intérèts, leurs sentimens, leurs
pensées, leur éducation, leur sort, tout se
ressemble en eux, & j'aime ce parfait raport : ce sera le mème intérèt qu'ils me
feront éprouver tous deux. Palmyre verse
son ame dans le sein de Seyde ; elle y répand sa douleur, ses regrets, ses inquiétu-
des, ses vœux, ses craintes, ses alarmes:
Zopyre l'a fait frémir, il a méprisé son
Pontife, il en est l'ènemi, il alarme son
amour. Que va devenir Seyde après la
nouvèle dissension qui vient d'éclore?
Seyde cherche tendrement à la rassurer ;
ils espérent tout de l'habileté d'Omar, &

plus encore de la suprême puissance du Prophète.

Omar vient anoncer son arivée, c'est-là qu'il doit reparaître. Il doit leur confier ses succès, ses espérances, & les éfets qu'il vient d'opérer sur le Peuple de la Mecque; les dispositions où il l'a mis de recevoir le Prophéte; dispositions qui rendent son arivée & vraisemblable, & nécessaire.

Mahomet paraît, il s'avance; il éface, & la noblesse de Zopyre, & la fierté d'Omar; il est majestueux, c'est-là le premier trait qui le distingue; les autres se déveloperont sans doute à leur tour. Mécontent de rencontrer Seyde, il le désaprouve; Seyde tremblant lui dit qu'il n'a crû que prévenir son ordre. Mahomet lui répond:

Il eut falu l'atendre.

Palmyre est alarmée pour Seyde, Mahomet dissimulé n'a pour elle que le ton d'un Dieu qui la protége. Il les écarte ainsi que sa suite. Il reste avec Omar, il lui aprend que Seyde est son rival, secret qu'il ignore, confidence nécessaire & placée dans le moment précis qui lui convient; puisqu'il faut justifier aux yeux d'Omar la façon dont il a traité Seyde; lui aprendre la cause des mouvemens qu'il a pu remarquer, en lui aux discours de Palmyre; cause qu'il

n'avoüe qu'avec une espéce de honte, &
qu'il ne devoit par conséquent pas déclarer
plutôt; puisqu'il faut l'instruire enfin de
toutes les raisons qui le conduisent à pro-
poser la paix, & de tous les moyens qui
leur restent à employer. L'amour de Mahomet est une faiblesse de l'humanité, parce qu'enfin Mahomet est home, mais il n'est
point le premier ressort de son ame, le
principe de ses actions. Son amour est violent, parce que Mahomet est trop grand
pour que toutes ses passions ne soient pas
vives ; mais cet amour est subordoné à
l'ambition, parce que Mahomet est trop
grand pour être l'esclave de l'Amour. Il
tient au reste entre ses mains le secret de
la naissance de Seyde & de Palmyre, leur
fortune dépend entièrement de lui. Palmyre recevra avec obéissance la main qu'il
lui destine, Seyde servira d'instrument à
l'acomplissement de ses projets, ou à sa
vangeance. L'intérêt actuel est de gagner
Zopyre.

Zopyre paraît résolu, puisqu'il le faut
enfin, d'avoir un entretien avec Mahomet.
Cete situation excite ma curiosité, la rencontre de deux principaux personages pro-
met de grans mouvemens, ils ne doivent
avoir rien de comun à se dire. Quelle forme Mahomet va t'il prendre? Le masque

avec lequel il trompe le vulgaire, n'eſt point fait pour Zopyre. Il faut que Mahomet ſoit ſincère; & il l'eſt en éfet.

Je ſuis ambitieux, tout home l'eſt ſans doute.

Lui dit-il, & il lui explique ſes vaſtes deſſeins; c'eſt à l'Empire de l'Univers qu'il prétend; c'eſt au partage de cét Empire qu'il apelle le Chérif. Il conaît les homes & tous les reſſors qui les font mouvoir, & qui les gouvern'ent. Il a ſur eux le droit qu'un génie ſupérieur a ſur des eſprits faibles. Il ſait metre à profit leurs préjugés & leurs erreurs. La rapidité de ſes premiers ſuccès l'aſſure de ceux qui doivent les ſuivre. La fortune des Peuples, le ſort des Etats, les révolutions des Empires ſont retracées aux yeux du Chérif. Le tems d'illuſtrer l'Arabie eſt enfin arivé.

Voilà donc Mahomet! Un ambitieux qui a conçu les plus vaſtes deſſeins; un Politique qui a autant de génie & de profondeur que d'éloquence & d'audace; un impoſteur redoutable qui réunit l'artifice à la force & la valeur à la ſcélérateſſe; un home extraordinaire, unique, prodigieux. Il eſt trop éclatant pour ne pas ſurprendre notre imagination, l'échaufer, la ravir, la tranſporter.

La voix de l'ambition, soutenue par la plus sublime & la plus rapide éloquence ne peut rien sur Zopyre. Il faut donc essayer d'autres moyens. Il faut lui faire sentir que le parti qu'on lui propose est l'unique qu'il ait à prendre, & qu'il n'est pas le maître du choix. Il faut lui dire :

> *Il est un Dieu puissant & toujours écouté*
> *Qui te parle avec moi :*
>
>   *Qui ?*
>
>   *La nécessité ,*
> *Ton intérêt.*

Et si ce moyen ne réussit pas enfin auprès d'une ame ferme ; il faut pour ébranler le Héros, tenter la tendresse du pere, & lui prometre de lui rendre des enfans qu'il régrete & qu'on tient en son pouvoir, Zopyre en éfet est émû, il paraît se défier seulement de la promesse de Mahomet, il lui dit :

> *Tu prétens me tromper,*
>
>   *Je n'en ai pas besoin ;*
> *C'est le faible qui trompe , & le puissant comande.*

Répond Mahomet ; mais si le pere a balancé quelque tems le Héros, la tendresse cede à la vertu. Le Héros éclipse le pere. Ses intérèts les plus chers sont ceux de

la religion & de sa patrie, il leur sacrifie
tout le reste jusqu'à ses propres enfans.

Et s'il faut de ma main les imoler tous deux,
Conais-moi, Mahomet, mon choix n'est pas douteux.

C'est ainsi qu'il s'exprime, & Mahomet
furieux va employer contre lui

Et la Religion à qui tout est soumis,
Et la nécessité par qui tout est permis.

Si la hardiesse des figures, la magnifi-
cence des idées, l'impétuosité du raisone-
ment, l'éclat & la pompe de la diction
pouvoient remplacer la rapidité de l'action;
ce second Acte ne laisseroit aparament rien
à désirer : mais tandis que l'imagination est
enchantée, le sentiment s'est réfroidi. Il
me fait apercevoir de quelque ralentisse-
ment dans l'action, & il me semble qu'en
éfet, elle est à peu près au même état qu'au
premier Acte, & que la derniere Scène des
deux Actes se ressemble peut-ètre un peu
trop.

TROISIE'ME ACTE.

Les deux ènemis font plus irréconcilia-
bles que jamais : il faut en venir aux réso-
lutions les plus violentes. La vie de Ma-

homet est en danger. C'est ce que lui fait
obſerver Omar, & il faut ſe metre à cou-
vert par la perte de Zopyre. Sa mort eſt
concertée entr'eux, la main de Seyde eſt
choiſie pour l'atentat; c'eſt la plus propre
à le cometre. La témérité de la jeuneſſe,
ſon reſpect aveugle pour les ordres de Mahomet, la facilité qu'il a d'aprocher de
Zopyre, ſont les raiſons qui engagent Omar
à le propoſer. Un ſerment afreux qu'on
l'obligera de prononcer, répondra de l'éxé-
cution. Le crime ſera enſéyéli dans un ſecret éternel. On le repréſentera aux yeux
du Peuple, come un coup de la vangeance du Ciel, & par un trait de la plus four-
be politique; Mahomet en recherchera le
meurtrier, & le fera périr ſous prétexte de
punir le meurtre. Ainſi l'ambition & la haine détruiront un ènemi; ainſi l'amour per-
dra un Rival; ainſi Mahomet arivera au
but qu'il ſe propoſe.

Je ne me ſouviens point aſſez de l'ordre
& de l'arangement des Scènes de ce troi-
ſiéme Acte; je ſais ſeulement que Seyde
aprend avec une joye modeſte que le Ciel
a bien voulu le choiſir pour détruire un
ènemi de ſa Religion & de ſon Prophéte;
il croit que c'eſt par les loix de la vertu &
de l'honeur qu'il va combatre; il témoigne
l'ardeur d'un jeune courage; il atend avec

empreffement que Mahomet prononce ;
mais il recule d'horeur à l'afpect d'un affa-
finat, au nom de Zopyre. Son refpect in-
violable , fon obéiffance aveugle pour le
Légiflateur balancent pour la premiere fois.
La vertu naturelle combat la force de la
fuperftition. Toute l'éloquence de Mahomet eft déployée ainfi que toute fa fcéléra-
teffe. Elle eft foudroyante ; elle m'étone
fans doute , & me procure le plaifir d'être
étoné , mais elle n'eft point dangereufe
pour ma raifon. Lorfqu'elle fait trembler
Seyde, elle ne fait que m'épouvanter , elle
m'aprend combien un fcélérat habile &
profond pouroit être redoutable ; par quels
afreux détours il peut chercher à obfcur-
cir dans nos coeurs cete premiere loi que
Dieu y grava lui-mème & qui ne peut s'é-
facer ; & j'aprendrai fans doute par l'exemple de Seyde , combien la voix de la conf-
cience a de force , combien il eft dangereux de ne la point écouter , & dans quels
afreux excès la faibleffe , l'ignorance & le
fanatifme peuvent précipiter. L'idée du
crime éfraye la vertu ; les fuites du crime
ferviront fans doute à l'affermir : & je fen-
tirai la vérité de ce que dit Mahomet de
lui-mème dans un autre fens ; que

Quiconque ofe penfer n'eft pas fait pour le croire.

P 5

Mais Mahomet n'a-t'il point tort de join-
dre aux armes de la Religion qui doivent
terrasser Seyde, l'intérèt de sa passion, en
lui-insinuant que la possession de Palmyre
devoit ètre sa récompense? Il me semble
qu'il est permis à Mahomet de prometre
un bien temporel pour le prix d'une action qu'il comande au nom du Ciel. Ce
prix n'en est point le principe, c'en est le
fruit. Le zéle de la Religion mal entendü
fait le fanatisme ; mais la passion particu-
liere dispose à entendre mal la Religion,
& Mahomet met tout à profit.

Je me souviens que Palmyre paraît dans
cét Acte, quoique je ne puisse en déterminer le véritable endroit, si ce n'est ici qu'elle survient & qu'elle voit les restes de la
colere du Prophéte. Je sai qu'elle m'y a
fait éprouver toutes les émotions qu'elle
ressent, je sai que j'ai partagé son trouble,
que je l'ai vue inquieté, alarmée par sa
tendresse; trembler pour Seyde, recourir
à Mahomet, lui crier sans qu'elle sut ce
qu'elle a à craindre,

Seigneur, sauvez Seyde.

Que j'ai vu en elle tous les mouvemens
de la passion, saisis avec la finesse la plus
pénétrante, exprimés avec une délicatesse
extrème. Elle répétoit sans cesse le nom

de Seyde. Elle ramenoit tout à Seyde,
elle n'imploroit que pour Seyde, les bontés de Mahomet; elle répond de son cœur,
de son atachement, de sa fidélité

J'en jure par l'amour que je ressens pour lui,

Dit-elle. Quelle situation pour Mahomet!
que j'aime à voir sa punition comencer
par le bonheur de son Rival; que j'aime à
pénétrer le tourment intérieur qu'il éprouve, & qu'il cherche à déguiser sur son front!
mais le scélérat est trop profond & trop
habile pour n'en pas tirer parti; il calme
Palmyre, il la rassure avec ce masque de
Majesté qui en impose toûjours, il réglera
ses destins avec ceux de l'Univers. Les
traits de sa prétendue bonté sont rehaussés
par l'éclat de sa grandeur, ils n'en sont que
plus puissans, ils n'en ont que plus de force sur Seyde. Vertueux & tendre, l'amour
& la reconaissance plus rapides que la puissance des raisons, achevent de déterminer
Seyde à obéir, il est encore combatu,
mais il l'est plus faiblement; il hésite encore, mais il n'est plus rébelle, la voix
de la conscience qu'il entend encore, est
étoufée par celle des autres passions, il ne
peut la distinguer. Mahomet va être obéi;
mais Zopyre paraît, c'est Seyde même
qu'il cherche, Seyde son ôtage qui devoit

lui répondre d'une négociation tranquile
& fur qui il pouroit fe vanger de la perfi-
die de Mahomet. Mais non; ils ne fent
pour lui qu'une tendre amitié, fon caractère n'eft point cruel. En eft-il un affez
exécrable pour fe plaire à répandre le
fang, fi ce n'eft Mahomet? (car une Letre qu'il reçoit femble lui doner avis de
quelque attentat que Mahomet médite)
Seyde voudroit-il partager fes crimes?
eft-il fait pour fervir un pareil Maître? Les
difcours de Zopyre portent dans l'ame de
Seyde le trouble & le défordre. Seroit-ce
donc lui qui verferoit le fang d'un home
qui épargne le fien? il feroit donc ce caractère exécrable qui fait tant d'horreur à
Zopyre? il enfonceroit donc le poignard
dans ce cœur généreux qui le chérit?
il eft pénétré, atendri, tourmenté; il va
peut-être fe jeter aux genoux de Zopyre,
fe découvrir à lui & lui demander grace.
Mais Omar chargé de veiller fur Seyde
vient l'aracher à Zopyre & à fon propre
trouble :

Traître, que faites-vous ? Mahomet vous atend.

Ce mot a fait trembler Seyde, & tout
refte fufpendu. Mon ame l'eft auffi; les plus
grans objets me font préfentés, les plus
grandes paffions font mifes en œuvre;

elles sont décrites, elles sont ménagées avec toute la force & toute la finesse de l'art, le trouble n'a fait que croître de Scène en Scène, & je suis agité de l'intérêt le plus vif.

QUATRIEME ACTE.

Seyde paraît. Sans doute que Mahomet & Omar ont diminué l'impression que Zopyre lui avoit causée, quelques instans seul avec lui-même

Il nage dans un flux de contrariétés
Qui pousse & qui retient ses faibles volontés.

Son respect pour Mahomet l'empêche de se défier de ses arèts ; il n'ose douter que le Ciel n'ait parlé par sa bouche, mais il ne comprend pas les décrets du Ciel, il est persuadé de la révélation, mais il est épouvanté du mystère. Ses idées veulent étoufer ses sentimens ; ses sentimens veulent renverser ses idées. Il s'agit pour lui d'ètre perfide, inhumain, barbare ; voilà ce qu'il sent, il s'agit pour lui d'ètre obéissant, fidele, religieux ; voilà ce qu'il conçoit. Palmyre qu'il atend & qui survient, partage son état & son trouble. Non, Seyde ne peut se déterminer par lui-même.

Non, Palmyre ne peut l'éclairer ; un nuage impénétrable ofufque leur raifon, un fentiment femblable agite leur cœur. L'image du crime fe retrace avec horreur, ils en frémiffent ; l'image du Ciel fe repréfente avec majefté, ils craignent. L'incertitude déchire, la fituation eft violente, la raifon eft obfcurcie ; c'eft la paffion qui doit décider. Palmyre eft le prix du crime, Palmyre fi chere à Seyde en doit être là récompenfe ; l'inocence de Palmyre, la pureté de fon cœur la rendront l'interprète du Ciel ; qu'elle parle, & ce fera pour Seyde un nouvel oracle : mais elle foupire, elle héfite, fa voix eft entrecoupée, elle expire fur fa bouche, ce n'eft point un fentiment, c'eft un doute.

> *Si le Ciel a parlé... tu dois fuivre fes loix.*
>
> *Tu l'as voulu, le Ciel s'explique par ta voix.*

C'eft la réponfe de Seyde, c'eft le mouvement précipité d'un cœur qui fe dégage de l'embaras qui l'acable ; c'eft un élancement de l'ame, c'eft le cri du fentiment. Palmyre le défavoue. Qu'a-t-elle dit ? Seyde veut partir ; elle le rapele ; elle s'opofe à lui, elle l'arète, elle n'eft plus entenduë.

Le mouvement naturel du cœur lorfqu'il a été tourmenté d'un doute cruel, eſt de fuir ce qui pourroit l'y replonger. Quelque violent que ſoit le parti qu'il prene, il ſe décide enfin, ſi quelque objet ſenſible & plus puiſſant que la réflexion ne le révolte encore : & c'eſt ici un nouveau trait de l'art qui ſaiſit avec fineſſe les plus ſécrets replis des paſſions, qui en fait agir tous les reſſors. Seyde étoit déterminé ; mais la préſence de Zopyre l'arète & le fait reculer.

Zopyre aproche de l'Autel où il a coutume d'adorer ſes Dieux, & au pié duquel il doit ètre immolé ; il parle, Seyde & Palmyre ſuſpendus l'écoutent ; il rapele aux pié de ſes Dieux ſes malheurs, ils s'atendriſſent ; il parle de ſes enfans ; ce mot doit remüer leurs cœurs, ils ſont émus. Mais c'eſt contre Mahomet qu'il invoque ſes Dieux ; c'eſt ſa perte qu'il leur demande. Seyde juſques-là ſuſpendu ne peut plus délibérer. La perte de Mahomet! du Prophéte qu'il adore ! du Bienfaiƈteur qu'il révère ! du ſeul pere qu'il conaiſſe & qu'il aime ! Il faut vanger, il faut punir ; il marche, il court, il ſe précipite ; mais Seyde eſt vertueux, & le pouvoir ſecret de la vertu doit le faire trembler encore, lorſqu'il ne veut plus rien examiner. L'Autel lui paraît environé d'ombres funèbres, l'Autel tremble ; quel eſt

ce préfage ? Mais il ne peut s'écouter lui-
même ; fes idées font trop confufes, la plus
forte & la plus rapide eft celle qu'il doit
fuivre ; c'eft d'immoler un facrilége, il écarte Palmyre, il s'avance ; Palmyre tremble,
friffone, gémit, & Sëyde a frapé. Il revient,
l'horeur l'environe ; fes yeux font égarés
come fa raifon ; il ne voit plus ; il ne conaît plus Palmyre ; il n'entend plus les cris
de fa tendreffe. Le nom de Zopyre repe-
té avec des fanglots vient fraper fon oreile.

Quoi... Zopyre...!

Son fentiment eft éteint, fon ame eft anéan-
tie ; & tel eft l'effet du défefpoir, la plus
noire trifteffe ofufque l'ame & l'enfévélit ;
elle y fermente fourdement, elle paraît s'é-
teindre, elle fe ranime, elle s'aigrit, elle
s'exhale, elle éclate, & bien-tôt l'enfévélit
encore. C'eft l'état fucceffif de Sëyde ;
le crime eft donc achevé ! L'affreufe image du crime s'offre donc à lui ! Quel fpec-
tacle d'horeur ! Il eft déchiré, il eft empor-
té, il eft furieux, il eft injufte, il eft acab-
blé, il eft abatu ; il acufe Palmyre, il s'acufe ; en un mot, il eft défefperé. Mais quel
n'ouveau frémiffement va le faifir......
Zopyre....

C'eft cet infortuné lutant contre la mort.

Zopyre fanglant vient traîner à fes yeux
les reftes d'une vie qu'une main mal affûrée
n'a pû lui arracher entiérement. Palmyre
a été éfrayée à fa vûë, mais fa pitié l'em-
porte ; elle vole vers lui , elle court pour
le foutenir ; Seyde eft glacé d'horeur. Ce
ne font point des reproches que fait entendre Zopyre ; ce ne font que de tendres
plaintes.

Mais qu'annonce l'arivée de Phanore ?
Quels objets fe préfentent à fes regars ?
Zopyre mourant, Palmyre atendrie, Seyde immobile, Seyde fon affaffin ! *Malheureux Seyde ! Zopyre eft votre pere !* C'eft un
fecret qu'Hercide vient de réveler à Phanore. Chargé de leur éducation, il enleva
Seyde & Palmyre dès l'enfance & paffa
avec eux dans le parti de Mahomet. Son
retour à la Mecque, & la vûë de Zopyre a
fait naître en lui des remors. Mahomet les
a démèlés , il en a craint les fuites ; il a
fait empoifoner Hercide pour faire périr
ce fecret avec lui ; mais Hercide en mourant a trouvé moyen de le déclarer à Phanore.

Le Meurtrier de Zopyre eft donc fon
fils : l'Amant de Palmyre eft donc fon frere ! Quel coup fut jamais plus frapant ! il
n'eft point de reconaiffance qui reffemble
à celle-là ; la fituation, les circonftances ;

[354]

tout la rend unique, merveilleuse, admi-
rable.

Seyde tombe aux piés de Zopyre ; toute
la capacité de son ame, est remplie, il ne
peut rien sentir de plus ; il ne lui reste qu'à
mourir ; il redemande ce fer abominable,
l'instrument de son parricide ; il veut qu'il
soit plongé dans son cœur.

Percez vos assassins ;

J'embrasse mes enfans.

Répond tendrement Zopyre.

Pour moi, mes larmes coulent, mon
opression plus vive n'a rendu ma pitié que
plus touchante, je n'ai point cessé de frémir, & je pleure.... Situation délicieuse!
éfet heureux d'un art divin! Zopyre en-
gage ses enfans à dissimuler pour mieux
échaper à la tyrannie de Mahomet, pour
vanger plus facilement sa mort. Il aloit
achever de les instruire, lorsqu'Omar pour
éxécuter le dessein perfide qui avoit été
médité, survient & les trouve aux piés de
Zopyre sanglant. Il ne peut soupçoner sans
doute la véritable cause de l'état où il les
voit, il ne l'atribue qu'à la bonté de leur
cœur, qu'à leur faiblesse ou à leur pitié
naturelle : il n'a aucun lieu de croire que
leur destin ait pu être éclairci ; il les fait

arèter come les affaſſins volontairés de Zopyre, come des criminels que la juſtice de
Mahomet doit punir.

CINQUIE'ME ET DERNIER ACTE.

Mon trouble a été extrème. Mon intérèt a été pouſſé auſſi loin qu'il puiſſe àler,
mais je ſuis encore bien éloigné de cete
mélancolie douce où la fin de l'action doit
me conduire, & qui en marque le terme.
Le nouvel obſtacle qui vient de s'enchaî-
ner aux précédens doit écarter plus que
jamais Mahomet de ſon but. La mort de
Zopyre lui aſſurera-t'elle la ſoumiſſion entière de la Ville de la Mecque? lui aſſurera-t'elle la poſſeſſion de Palmyre? Quel
ſuccès aura la nouvelle fourberie d'Omar?
Que deviendront Seyde & Palmyre que
leur malheur me rend plus chers encore,
& pour qui j'éprouve la plus tendre in-
quiétude & les plus vives alarmes?

Omar paraît avec Mahomet, il lui anonce la conſommation du parricide; Zopyre
eſt expiré, Seyde a été arèté ouvertement
come ſon aſſaſſin, & il le ſuivra dans le
tombeau. Un poiſon qu'Omar lui avoit fait
prendre, lui avoit laiſſé le tems d'éxécuter
le forfait, & lui ôtera celui d'en révéler
l'auteur. Omar va travailler auprès du

Peuple à en tirer tout l'avantage poſſible.
Mahomet va s'ocuper de ſon amour. Son
ambition qui comence à être tranquile lui
permet de s'y prêter; il faut préparer Palmyre à l'événement qui va paraître, il
faut la tranquiliſer & achever de l'abuſer.

Elle vient par ſes ordres, il s'explique
à elle; c'eſt la premiere fois qu'il l'entre-
tient de ſon amour, & c'eſt avec la confiance d'un ambitieux; c'eſt avec l'autori-
té d'un Maître, c'eſt avec la majeſté d'un
Dieu. Mais Palmyre n'eſt plus ce qu'elle
étoit, Mahomet lui eſt conu. C'eſt un impoſteur déteſtable, c'eſt le boureau de ſa
famille.

Le voilà donc, grans Dieux, ce Prophéte ſacré,
Ce Roi que je ſervis, ce Dieu que j'adorai?

Une juſte fureur la tranſporte. Que l'U-
nivers entier qu'il a voulu tromper ou ſou-
metre s'arme pour ſon ſuplice! que l'enfer
dont il les épouvanta, & qui ſans doute
éxiſte pour ſes crimes, ait encore pour lui
de plus horribles tortures qu'il n'en a ima-
ginées! que le Ciel, dont il ſe joue, l'a-
cable de ſes foudres, qu'elle-mème puiſſe
de ſes mains lui déchirer le flanc?

Cependant le véritable ſécret de la mort
de Zopyre a percé. Omar vient anoncer

que le Peuple défabufé par Phanore a forcé la prifon de Seyde qui va paraître à leur
tète. Omar raffemble fa troupe auprès de
Mahomet ; Seyde s'avance avec la fiene.
C'est ici que Mahomet m'étone encore.
Tandis qu'Omar est troublé & n'a recours
qu'à fa valeur ; Mahomet plus brave, plus
maître de lui-même peut méditer la fourberie & l'artifice ; il cache fous une pro-
fonde diffimulation, aux yeux de fes Sol-
dats & à ceux du Peuple, l'embaras qu'il
doit éprouver. Il fera démafqué, ou il va
triompher : mais fa fière affurance doit au
moins caufer au Peuple de la furprife & de
l'admiration, le fufpendre & peut-être
l'arèter. Son éloquence le vaincra peut-
ètre. Ce mème Peuple n'eft pas fi fougueux
lorfqu'il n'a à vanger que les intérèts de
ceux qui le gouvernent. Mahomet fe pré-
pare à le haranguer, & il faura ménager
l'éfet que l'empoifonement de Seyde peut
produire. Mais la circonftance lui eft fa-
vorable. Le poifon opere, l'habile fcéle-
rat profite du moment. C'eft au Ciel qu'il
s'adreffe ; c'eft un miracle qu'il anonce.
Seyde veut fe vanger, & il s'afaiblit ; il
veut fe relever, & il retombe ; il pâlit, il
meurt. En vain Palmyre veut faire entendre fes cris ; en vain elle veut ranimer fon
frere expirant, Mahomet tonne. La mort

de Seyde a été offerte come un coup mar-
qué du Ciel qui se déclare pour son envoyé. L'objet sensible éfraye, le Peuple
est crédule & timide; il ne démèlera point
l'imposteur lorsqu'il redoute la puissance
du Prophéte; il tremble, il adore, il s'é-
carte. Palmyre désespérée se perce du glai-
ve que Seyde n'a pû soûtenir, elle expire
avec lui. Victimes malheureuses & toûjours atendrissantes du perfide imposteur
qu'elles ont adoré. Mahomet n'a pû l'en
empêcher, il éloigne ce qui l'environe,
il n'a plus rien à craindre; il reste seul avec
Omar. Il a donc perdu ce qu'il aime ! lorsque son ambition est satisfaite, il en a donc
perdu le fruit le plus doux ! il a perdu cét
objet plus cher peut-ètre à un grand cœur
que sa propre vie ! il l'a perdu par ses propres coups; il est en proye aux tourmens
d'un amour malheureux, à l'horreur qui
suit le crime !

Il est donc des remors !

Il porte au fond de lui-mème sa peine &
son suplice; & si l'ambition est assez forte
pour les suspendre, elle ne les étoufera
point; elle n'en adoucira point la rigueur,
elle ne peut que les dissimuler. Il est vrai
qu'il finit en disant :

Je veux régir en Dieu l'Univers prévenu :

Mon Empire est détruit si l'home est reconu.

[359]

Mais il n'en fera pas moins home, c'eſt
à-dire, ſans ceſſe, tourmenté, ſans ceſſe
déchiré, & par conſéquent ſans ceſſe puni.

RÉFLEXIONS.

Tout ſcélérat doit être puni : c'eſt une
maxime que tout le monde répete ; mais ſi
la Tragédie n'eſt que la repréſentation de
quelque évenement terrible & touchant ;
ſoit que cét évenement ſoit vrai, ſoit qu'il
ne ſoit que vraiſemblable ; n'eſt-ce pas aſſez pour le Poëte d'avoir ſu peindre ce même évenement avec toutes les couleurs que
demande ſon art ? n'eſt-ce pas aſſez pour lui
de réduire en Poëme Dramatique les actions feintes ou véritables des Princes ou
des Tyrans, ſans qu'il ſoit forcé d'altérer
la vraiſemblance, de détruire la vérité,
de coriger la Providence qui auroit permis
au crime de triompher ? cependant cete
maxime : *que le vice ſoit puni*, ou *que la
vertu ſoit récompenſée* (car l'un des deux
éfets ſufit pour la morale) ; cete maxime,
dis-je, me paraît plus juſte & plus vraye
par raport à la nature de notre cœur, que
par raport aux raiſons d'inſtruction ſur leſ-
quelles on l'a fondée. En éfet ſi je vois en
danger quelqu'un qui m'intéreſſe vivement, ſi je le vois périr ; je ne ſuis point

fatisfait, à moins que je ne fois vangé de
fon Enemi, ou de fon Meurtrier. Mais je
balance fouvent fur le genre de la punition; il me femble d'abor, come à tous
les homes fans doute, que la perte de la
vie eft le premier but que ma haine fe
propofe; c'eft le premier mouvement: mais
plus mon intérèt eft vif, plus je fens que
la mort & les fuplices feroient des peines
trop légéres pour certains fcélérats qui pa-
raiffent capables de les braver; je confens
qu'on les laiffe vivre, fi la confervation de
leur vie ne fert qu'à prolonger leur tourment. Enfin, fi je fuis tendre, je ne con-
çois pas de tourment plus afreux que celui
d'avoir perdu ce que j'aime & d'en avoir
été moi-mème le boureau; fi je fuis religieux, c'eft aux remors du fcélérat, c'eft
au Ciel que je fuis porté à abandoner les
foins de ma vangeance: Mahomet eft-il
affez puni? ne l'eft-il point affez? le fentiment particulier en décide.

Telle eft l'idée qui m'eft reftée de la
Tragédie de Mahomet, après une feule
repréfentation que j'en ai vûë à Paris; idée
fans doute fort imparfaite & qui la dégrade.
Je l'avois vûë deux fois à Lille il y a près
de deux ans. J'en écrivis mème alors deux
mots à un ami, & j'effayai de lui en doner
la plus légére teinture. Il prèta ma letre,

&

& c'eſt ſur mon canevas qu'on a brodé celle d'un *Comedien de Lille*, qui a parû aſſez ridiculement quelques heures avant la repréſentation de la piéce, & dont quelques perſones m'ont crû fauſſement l'Auteur. Je ne crois point avoir le ſtyle du brodeur, & je ne ſuis point révêtu du titre dont on m'honore. Je raconte ce trait par ce qu'il n'eſt point indifférent. J'en ſuis mieux fondé à dire que cete Tragédie m'a toûjours également intéreſſé. L'étonement, l'admiration, la tendreſſe, le trouble, la terreur, la pitié, l'atendriſſement m'ont émû tour à tour, ou plûtôt preſque tous enſemble, & toûjours avec cete force qui fait le plaiſir de l'ame, & dont un art infini ménage les dégrés. C'eſt ce plaiſir de l'ame ; c'eſt ce ſentiment qui décide du principal mérite de tous les Poëmes, de toutes les imitations, de tous les tableaux.

Je n'ai pas pû me rapeler aſſez éxactement tout le détail de l'Ouvrage pour oſer répondre de l'avoir traité avec la derniere éxactitude ; d'avoir toûjours raporté fidelement les véritables raiſons qui amenent les Perſonages ſur la Scène, & qui les en font ſortir, &c. Mais ce qu'il y a de ſûr, ce qu'on n'oublie point, & ce qui eſt une vraie beauté ; c'eſt que chaque Perſonage a ſon intérêt perſonel, & concourt directement à

l'action, & par conséquent qu'on n'y sent
point cete langueur, cete impatience qui
avertit du superflu & de l'épisode inutile.
Ce qu'il y a de plus important & ce qu'on
n'oublie point encore, ce sont le dessein,
la conduite & les autres parties essentieles ;
& je crois que l'exposition que j'en ai faite
peut métre en état de juger à peu près de
leur régularité.

Le lieu de la Scène n'est peut-être pas
assez déterminé ; sans aprouver la délicatesse de quelques Critiques qui n'admetent
qu'une Place publique ; qu'un endroit où il
soit naturel de penser que le Spectateur ait
pû être admis ; il faut au moins que ce même Spectateur sache où il est, sans quoi il
ignorera toûjours, sinon pourquoi les Ac-
teurs paraissent, du moins comment ils
peuvent paraître. Ici tout se passe à la Mecque, mais dans quel endroit ? Si c'est dans
le Palais de Zopyre, comme la plûpart des
circonstances semblent le désigner ; la vrai-
semblance sera peut-être altérée pour quelques autres circonstances qui ne peuvent
guéres s'y passer ; & si ce n'est point dans
le Palais de Zopyre, c'est encore pis. En
éfet, Palmyre captive, Seyde qui sert
d'ôtage n'en peuvent pas naturellement
sortir, & je ne crois pas qu'on puisse dire
dans la circonstance présente qu'ils ont la

Ville entière pour prison ; de plus, c'est dans son Palais que Zopyre est assassiné, & d'un autre côté il n'est pas naturel que Mahomet & Omar entrent si facilement dans ce même Palais & y fassent tout ce qui leur plaît. Au reste, ce défaut d'exactitude dans l'unité de lieu est comun à la plûpart de nos Poëtes, & peut-être dans la suite n'y fera-t'on plus d'atention.

L'unité d'action est sensible. Mahomet veut être reçû & révéré come l'Envoyé du Ciel dans la Mecque dont il a été autrefois chassé come imposteur, & par le même moyen recouvrer Palmyre qu'il aime & qui y est retenue captive. L'ambition & l'amour, voilà ses motifs, & ils se réunissent à un même but.

Le nœud de l'action, come on le sait, ce sont les incidens qui la retardent, les obstacles qui l'empèchent de s'acomplir & qui rendent inutiles les moyens qu'on employe ; il faut qu'ils naissent les uns des autres, qu'ils soient liés, enchaînés, & non pas seulement raprochés & ajoutés. L'inimitié irréconciliable du Chérif de la Mecque toûjours oposé aux desseins de Mahomet les fait naître. Il faut tacher de le gagner par la négociation ; moyen inutile. Il faut tacher de le perdre ; moyen que les irrésolutions de l'assassin rendent incertain. Il est assassiné ; moyen devenu frivole & même dangereux par le nouvel embaras qui le suit nécessairement. Voilà cete chaîne d'incidens toûjours nouée, toûjours continuée.

Le dénoûment est l'effet qui résulte du dernier obstacle ; il est d'autant plus heureux, lorsque cet éfet a été en quelque sorte inatendu, lorsqu'il cause quelque surprise par une circonstance nouvelle qui change tout-à-coup la face des choses ; lorsqu'il termine l'action d'une maniere inespérée ou imprévue ; soit qu'il rétablisse dans l'ame la satisfaction & la tranquilité, soit qu'il y laisse la mélancolie ou la tristesse. On peut juger si la mort de Seyde, celle de Palmyre, le tour qu'elle prend dans l'esprit du Peuple, la singularité de l'evenement qui n'a rien que de très-vraisemblable n'ofrent pas le dénoûment le plus heureusement imaginé, le plus ingénieusement amené.

L'unité de tems n'a pas besoin d'être prouvée. On voit clairement que vingt-quatre heures suffisent pour l'exécution de tout ce qui s'est passé.

Les mœurs sont les sentimens des principaux Personages, leur caractère, leurs passions. Elles doivent être grandes, nobles, élevées, extraordinaires, merveilleuses, dignes en un mot d'intéresser vivement, & surtout parfaitement soutenues, parfaitement employées. Peut-être n'est-il en ce point aucun Ouvrage Dramatique qui égale celui-ci.

Une ambition démesurée qui médite l'Empire de l'Univers, & qui, non contente de soûmetre les homes, veut s'arroger les droits de la Divinité : ambition apuyée également sur les qualités les plus brillantes & sur les vices les plus éclatans. *Caractère de Mahomet.*

Un orgüeil prodigieux & capable de seconder les projets les plus vastes. *Caractère d'Omar.*

Une noblesse, une fermeté que rien ne peut faire plier, fondée sur une haine implacable, sur l'amour de la Religion & de la Patrie, sur les mouvemens inconus d'une tendresse paternelle. *Caractère de Zopyre.*

Une vertu aimable, naturélle, douce, sincère & pure, réveillée par la voix secréte d'un sentiment ignoré, abusée par l'amour, aveuglée par le fanatisme. *Caractère de Seyde & de Palmyre.*

Voilà quelles mœurs, quels Personages, quels Héros sont représentés : voilà ce qui forme un tableau neuf, extraordinaire, merveilleux, infiniment intéressant, juste

Q 3

& vrai, ou (ce qui eſt le mème ici) vraiſemblable. Car ſi l'on doit peindre les Héros
conus ſous les traits que la Fable ou l'Hiſ-
toire leur ont donés ; il n'y a perſone qui
ne reconaiſſe ici le portrait de Mahomet
& d'Omar, rehauſſé ſeulement come il
devoit l'ètre par la hardieſſe & la force du
génie du Peintre & de ſon pinceau. Et ſi
l'on peut doner à ſon gré les couleurs
qu'on veut à des Héros que l'on créé &
que l'on imagine ; il n'y a perſone qui ne
reconaiſſe ici dans les autres perſonages,
la beauté de l'invention du deſſin & du
coloris.

Mais eſt-il permis d'introduire ſur la
Scène un ſcélérat tel que Mahomet ? &
pourquoi Mahomet ſeul auroit-il l'exclu-
ſion ? les ſcélérats de moindre eſpéce dont
nos Tragédies ſont remplies, ſont peut-
ètre plus dangereux ; parce qu'ils excitent
moins d'horreur. Leurs maximes, leurs
intrigues ſont plus contagieuſes, parce
qu'elles ſont plus à la portée & à l'uſage
des autres homes. Dira-t'on que le mauvais ſuccès de leurs crimes détournent ceux
qui voudroient les imiter ? ce prétendu
mauvais ſuccès n'eſt dans la plûpart qu'un
nouveau crime qu'ils ajoûtent à ceux qu'ils
avoient déja comis. *Néron* dans la Tragédie
de *Britannicus* n'eſſuye que la perte de

l'objet qu'il aime, *Cléopatre* dans celle de *Rodogune* s'empoisone elle-même, & ne vomit, en mourant, que des imprécations: mile autres Héros se tuent eux-mêmes dans mile autres Piéces, & le suicide n'est-il pas un crime? Mahomet par sa scélératesse est parvenu à se rendre maître de la Mecque, & à s'y faire adorer: y aurat'il quelqu'un qui soit tenté conséquament de se faire passer pour un Envoyé du Ciel? mais un ambitieux ne pouroit-il pas ésayer, come Maximien, de se placer sur le Trône? il en sera quite, s'il ne réussit pas, à se passer une épée au travers du corps, en supposant qu'il ne se soucie pas de la vie qu'on aura la générosité de lui ofrir. Un Conspirateur ne pouroit-il pas être animé par le sort de *Cinna*, & comter, en cas de triste avanture, sur la clémence d'*Auguste*? Un Tyran ne pouroit-il pas s'apuyer sur le sort d'*Athalie* pour en croire un *Mathan* qui lui diroit:

On le craint, tout est examiné.
La splendeur de son sort doit hâter sa ruine.
Qu'importe qu'au hazar un sang vil soit versé?
Dès qu'on leur est suspect, on n'est plus inocent.

Dira-t'on que ces Tragédies & mile autres sont dangereuses, cela seroit trop ab-

Q 4

furde & trop ridicule. Un fcélérat doné
pour ce qu'il eft, n'infpire que de l'horreur; il fert même à affermir la vertu, lorf-
qu'il eft évident que fes maximes & fes
paffions conduifent manifeftement au crime & aux malheurs, foit que ces malheurs
retombent fur lui, foit qu'ils n'acablent
que ceux qui ont fuivi fes confeils. Ce font
d'ailleurs les feuls perfonages qui atirent
l'intérêt & la pitié qui donent l'exemple;
tels que Zopyre, Palmyre & Seyde. Leur
exemple eft-il pernicieux? j'imagine au
contraire que la Tragédie de Mahomet eut
été capable de faire tomber le poignar des
mains d'un *Jacques Clément*, & de rapel-
ler, vers leur légitime Souverain, quan-
tité de Partifans de *Cromvel*.

Mais, s'écrient quelques-uns, la doctrine
de Mahomet eft fcandaleufe, & quelle
nouvelle doctrine prèche-t'il donc enfin?
il nous aprend que fa Religion eft l'ouvrage de l'ambition & de l'impofture; & toutes les Hiftoires, à comencer par l'Hiftoire Eccléfiaftique, ne nous l'aprenent-el-
les pas? Il dit la même chofe de celle de
Solon, de *Lycurgue*, de *Numa*, de *Zo-
roaftre*, &c. Sont-ce donc là des blafphè-
mes? Tous nos Maîtres, tous nos Livres,
tous nos Catéchiftes, tous nos Docteurs
nous en ont inftruit cent fois. Il eft vrai

que nous ne savions pas que la Mecque
étoit sacrée, parce qu'*Ibrahim* y naquit,
Ibrahim qui, sur l'ordre de Dieu, étoit
prêt à imoler son fils unique: mais nous
savions que Dieu avoit parlé lui-même à
Ibrahim, & qu'il ne lui avoit point fait
anoncer sa volonté par la bouche de Mahomet; & je ne vois pas le danger d'a-
quérir cete conaissance de plus. Il est vrai
que Mahomet dit:

Périsse le Mortel assez audacieux
Pour penser par lui-même & juger par ses yeux.

Auroit-on voulu qu'il dit le contraire?
& de bone-foi peut-on suposer dans le monde un esprit assez faux & assez gâté pour
conclure de la Réligion de Mahomet à la
nôtre? & s'il en étoit un, seroit-ce la Tragédie de Mahomet qui serviroit plus à le
conduire à cete extravagance, que le sim-
ple nom de Mahomet, que la vue de l'Am-
bassadeur Turc, dès qu'il sait qu'un Turc
n'est-pas Chrétien?

Il ne nous est défendu de penser & de
juger par nous-mêmes, que par raport à
ce qu'il faut croire; mais il nous est permis de penser & d'examiner par nous-mêmes pourquoi nous devons croire. La vérité de la révélation est confirmée par les
preuves les plus convaincantes.

Ce qui m'étonera toûjours, c'est que chez une Nation polie & chez qui un esprit de philosophie & de justesse paraît s'être assez généralement répandu, chez qui les talens & les Arts paraissent régner, on voye encore tous les jours la prévention qui ne regarde qu'à travers un bandeau, décider avant qu'elle ait vu, ne juger d'un Ouvrage que sur l'opinion qu'elle a prise de son Auteur, & souvent plus ridicule encore s'éfaroucher d'un objet qui lui parait éfrayant lorsqu'il n'est qu'extraordinaire & merveilleux. C'est qu'on voye l'envie qui ne regarde que d'un œil louche, & la malignité qui voit d'un œil clignotant, ne chercher que les mauvais côtés, faire des parodies qui ne relevent point des fautes réelles, (car alors ce seroit l'ouvrage du goût) mais qui habillent de vrayes beautés d'un air extravagant. C'est qu'on voye l'impertinence qui ne jete qu'un coup d'œil égaré, & qui croit avoir tout vu, décider avec éclat & prononcer des oracles; & la sotise qui regarde sans voir, répéter les arèts qu'elle a entendus, souvent même se mèler à la fatuité pour déraisoner avec plus de fracas.

Je parle sans intérèt, & j'ose assurer que je ne suis conduit que par l'amour de l'équité & de la raison. J'ai doné à la Tragédie de Mahomet les éloges que j'ai cru lui devoir. Mon sufrage n'est pas d'un grand prix; mais du moins j'ai exposé les raisons qui m'engageoient à le dôner; je voudrois que ceux qui lui refusent le leur, exposassent de mème celles qui les engagent à le refuser. Je proteste qu'une critique saine & éclairée qui me feroit sentir manifestement mon erreur, n'auroit pas moins mon aprobation que l'Ouvrage mème que je loue. Mais je serai toûjours révolté contre ceux que je ne verai ocupés qu'à dégrader les talens. Je suis irrité, par exemple, que quelqu'un ait dit au Public que la Tragédie dont il s'agit *avoit été siflée à Lille dès sa premiere représentation.* Peut-on se faire un jeu de la calomnie, quelque légère qu'elle soit?

Peut-être à tout ce que je viens d'ajouter ici, me prendra-t'on pour un Auteur, & même pour un Auteur disgracié qui se console en se plaignant. Qu'y faire? tout ce que j'ai à dire, c'est que je ne suis point Auteur.

§. *L'Auteur de cét Écrit ingénieux auroit souhaité faire ses réflexions sur la Tragédie imprimée de Mahomet. Ce n'est que depuis quelques jours qu'on en débite deux Editions pléines de fautes qui ôtent la mesure des*

Q 6

Vers, & les defigurent horriblement. Le
Lecteur voudra bien se souvenir qu'il echape
ordinairement à la mémoire quelques traits
particuliers d'une Pièce qu'on voit represen-
ter & qu'on n'a point lu. C'est dans ce point
de vue qu'il faut considerer les sentimens de
notre Spectateur.

¶ EPIGRAME

Sur le Tableau d'une Lucrèce qui se tue.

D E cete fameuse Lucrece
    Bien équivoque est la sagesse ;
Et sa mort volontaire est un crime assez grand
Pour nous faire juger, qu'à sa propre faiblesse
Plus qu'au jeune Tarquin, elle en veut en mourant.